Emma Sibley

KAKTEEN

Sukkulenten

Fotos von Adam Laycock

Aus dem Englischen von Kirsten Nutto

Ich möchte dieses Buch meinen Großeltern Ben und Ethel
Howard widmen – ihnen verdanke ich meinen grünen Daumen.

Inhalt

Einleitung

Kakteen und Sukkulenten sind Pflanzen, die in ihren Blättern und Stängeln Wasser speichern und somit auch an sehr trockenen Orten überleben können. Alle Kakteen sind Sukkulenten, aber nur Kakteen besitzen Areolen – kleine, kissenähnliche Polster, aus denen Dornen wachsen.

Diese robusten Gewächse zählen schon seit Langem zu den Kulturpflanzen, erfreuen sich jedoch in den letzten Jahren gerade bei Städtern – vor allem jenen mit grünem Daumen – zunehmender Beliebtheit.

Im Fachhandel, in Gartencentern und bei Floristen sind unzählige Arten von Zimmerpflanzen erhältlich, darunter auch eine große Auswahl an Kakteen und Sukkulenten. Neben den aus Hollywoodfilmen bekannten Orgelpfeifen- und Feigen-Kakteen gibt es noch viele mit kugelförmiger Gestalt oder mit ungewöhnlichen Blattformen und -oberflächen, wie z. B. Sägeblatt-Kaktus und Bleistiftstrauch.

Zwar wird allgemein davon ausgegangen, dass diese pflegeleichten Pflanzen jegliche Form der Vernachlässigung erdulden, doch das stimmt nur bedingt. Neben der Vorstellung von geläufigen Kakteen und Sukkulenten sowie selteneren und unbekannteren Arten finden sich deshalb in diesem Buch Informationen über richtiges Gießen, geeignete Standorte und den Umgang mit Problemen.

WO FINDE ICH WAS IN DIESEM BUCH?

Bei jedem Pflanzenporträt wird Basiswissen für die Kultur der beschriebenen Art oder Sorte vermittelt. Die Informationen sind übersichtlich neben den Symbolen aufgeführt, sodass man rasch alles findet, was für die richtige Pflege nötig ist.

LEGENDE

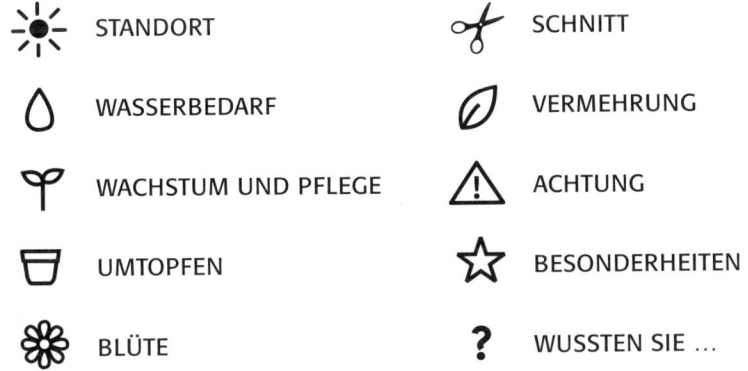

STANDORT

SCHNITT

WASSERBEDARF

VERMEHRUNG

WACHSTUM UND PFLEGE

ACHTUNG

UMTOPFEN

BESONDERHEITEN

BLÜTE

WUSSTEN SIE …

Jede Pflanze ist mit ihrem botanischen und – falls vorhanden – deutschen Namen aufgeführt. Der botanische Name gibt Informationen *über die Verwandtsch*aft der Pflanzen untereinander sowie ihre taxonomische Bezeichnung. Alle Pflanzen sind Pflanzenfamilien zugeordnet, die wiederum in Gattungen unterteilt sind. Die Gattung ist eine Rangfolge innerhalb der biologischen Systematik, die unterhalb der Familie und oberhalb der Art steht. Die Art ist häufig ein Adjektiv, das die Pflanze näher charakterisiert.

Eine Sammlung anlegen

DER PFLANZENKAUF

Ich wette, dass Sie nach dem Kauf Ihres ersten stacheligen Freundes kaum noch überlegen müssen, ob Sie mehr davon haben wollen, denn offenbar macht schon der Besitz einer Pflanze regelrecht süchtig.

Kakteen und Sukkulenten sind fast überall erhältlich, daher ist es egal, wo Sie mit Ihrer Suche beginnen, ob beim örtlichen Floristen, Onlineversand oder in einer Spezialgärtnerei. Scheuen Sie sich nicht nachzufragen, wenn Sie etwas Bestimmtes für Ihre Sammlung suchen.
In Gartencentern werden Kakteen und Sukkulenten in kleinen Töpfen meist einzeln mit ein bis zwei Rosetten angeboten. Das ist die perfekte Gelegenheit, gleich mehrere zu erwerben, um sie als Gruppe zu kultivieren.

Denn wie oft sieht man Kakteen oder Sukkulenten mutterseelenallein auf der Fensterbank stehen? Nur selten, oder? Meist stehen sie zu mehreren zusammen.

NÜTZLICHE TIPPS
Nur Pflanzen mit gesundem Aussehen kaufen, das heißt, es sollten keine Narben, abgestorbene oder welke Blätter, Verletzungen und Anzeichen für Wurzelfäule, vor allem aber keine Schädlinge oder Krankheiten vorhanden sein. Eine Pflanze aus Mitleid zu kaufen, lohnt meist weder die Zeit noch die Mühe, die man in ihr Aufpäppeln investieren muss.

Umtopfen und Werkzeuge

GRUNDAUSSTATTUNG

TON- ODER BETONTÖPFE
Diese sind für Kakteen und Sukkulenten ideal, da sie porös sind und überschüssiges Wasser verdunsten kann. Verkauft werden die Pflanzen meist in wenig attraktiven Plastiktöpfen, die nicht so leicht austrocknen.

GIESSEN
Eine Gießkanne sollte immer zur Hand sein, damit Gießen und Düngen möglichst unkompliziert ist. Manche Pflanzen jedoch ziehen Sprühnebel dem Gießen vor.

PFLANZSUBSTRATE

Die meisten Sammler haben ein eigenes Rezept für die ideale Erdmischung. Allerdings spricht nichts dagegen, fertige Kakteenerde – eine sandig-kiesige, durchlässige Erdmischung – aus dem Gartencenter vor Ort zu kaufen. Dabei sollte auch das feuchte Substrat gut belüftet und locker sein, um Staunässe und Wurzelfäule zu verhindern. Der Wasserablauf lässt sich noch verbessern, indem man den Topfboden mit einer Schicht Kies oder kleinen Steinen auslegt.

WERKZEUGE

Pflanzkellen gibt es in unter-schiedlichen Größen und sie sind sehr hilfreich beim Umtop-fen und Anmischen von Pflanz-erde. Sehr nützlich sind auch dicke Gartenhandschuhe, ohne die das Umtopfen schmerzhaft werden kann! Und für Rück-schnitt und Vermehrung ist eine kleine Kakteenzange oder Pinzette zu empfehlen.

Vermehrung

VERMEHRUNG NENNT MAN DIE ANZUCHT VON PFLANZEN MITTELS STECKLINGEN, ABLEGERN ODER SAMEN.

Auch wenn man nur einen Kaktus oder eine Sukkulente besitzt, kann man sich also bereits daranmachen, seine Sammlung zu erweitern, indem man z. B. Stecklinge abnimmt oder Neupflanzen aus Samen zieht.

STECKLINGE

Viele Kakteen und Sukkulenten bilden in den ersten Wachstumsjahren Ableger – kleine Miniaturausgaben von sich selbst – aus, die man von der Mutterpflanze abtrennen, bewurzeln und eintopfen kann. Bei manchen Pflanzen, wie Dachwurz oder *Sedum*, lassen sich die fleischigen Blätter leicht abtrennen, ohne dass der Rest der Pflanze Schaden nimmt. Legt man deren Blätter auf trockene, sandige Erde, trocknet die Schnittfläche rasch ab und wird hart – die Kallusbildung setzt ein und schon bald entwickeln sich daraus erste Wurzeln. Während der Bewurzelung sollte der Topf in lichtem Schatten stehen, damit die Blätter nicht eintrocknen. Sobald kleine Pflänzchen an der Basis des Blattes erscheinen, können sie eingepflanzt werden, das ursprüngliche Blatt stirbt ab.

AUS SAMEN ZIEHEN

Samen von Kakteen und Sukkulenten kann man über Gartencenter oder Onlinehändler beziehen. Am meisten Spaß dürfte es allerdings machen, Pflanzen aus Samen zu ziehen – dies dauert zwar länger als mit Ablegern, dafür kann man jedes Stadium des Pflanzenwachstums gut beobachten. Zuerst befüllt man Töpfe mit feuchter, steriler Anzuchterde und verteilt dann die Samen auf der Oberfläche – nicht zu viele auf einmal, damit die Pflanzen später Platz zum Wachsen haben. Dann locker mit Erde abdecken – nicht festdrücken, damit die Keimlinge leicht durchtreiben können. Während der Keimung die Töpfe an einen warmen, schattigen Platz stellen und die Erde gleichmäßig feucht halten. Sobald die Samen gekeimt haben und winzige Pflänzchen erscheinen, sollten diese zum besseren Wachstum in sandhaltigere Erde umgetopft werden.

Was tun bei Problemen?

HÄUFIGE PROBLEME UND DEREN BEHEBUNG

ÜBERGIESSEN

Das Schwierigste bei der Kultur von Kakteen und Sukkulenten dürfte das richtige Gießen sein. Zu viel Wasser kann Pflanzen schnell schädigen – manchmal so nachhaltig, dass sie absterben.

Als Wüstenpflanzen bevorzugen Kakteen und Sukkulenten arides Klima. Sie nutzen ihre fleischigen Blätter oder Stängel als Wasserspeicher und können so Dürre überleben. Idealerweise versucht man diese Bedingungen im Zimmer nachzuahmen.

In den wärmeren Sommermonaten, während der Wachstumsphase sollte man einmal wöchentlich gießen, während der Winterruhe sparsamer, und manche Pflanzen sollten in den kühlen Wintermonaten völlig trocken gehalten werden, um Wurzelfäule zu verhindern. Einige Kakteen und Sukkulenten jedoch haben entgegengesetzte Wachstumsphasen und benötigen im Sommer sehr wenig, im Winter hingegen mehr Wasser.

Anzeichen fürs Übergießen sind das Abfallen von gesunden Blättern sowie welke oder weiche Wurzeln und Stängel. Durch Umtopfen lässt sich die Pflanze eventuell noch retten: Dazu die Pflanze aus dem Topf nehmen und möglichst viel Erde entfernen, ohne die Wurzeln zu verletzen, verfaulte und beschädigte Wurzeln wegschneiden. Einen sauberen Topf halb mit Pflanzsubstrat füllen, die Pflanze mittig daraufsetzen, ihre Wurzeln vorsichtig verteilen, mit Erde bedecken, leicht andrücken, damit die Pflanze stabil steht.

SONNENBRAND

Es gibt auch Kakteen und Sukkulenten, die kein direktes Sonnenlicht vertragen. Stehen sie an einem Fenster in praller Sonne, können braune Flecken auf Blättern und Stamm – als Folge von Verbrennungen – entstehen. Die Pflanzen dann an einen hellen Platz oder in lichten Schatten stellen.

SCHÄDLINGE

Auch Schädlinge können Kakteen und Sukkulenten zusetzen, vor allem Schildläuse, die an klebrige Wattekugeln erinnern und sich bei vielen Sukkulenten in den Rippen festsetzen. Schädlingsbefall lässt sich u. a. dadurch vermeiden, dass man regelmäßig verwelkte Blätter und tote Materie aus dem Topf entfernt, da sie ideale Brutstätten für Schildläuse oder Spinnmilben darstellen.

KÜMMERWUCHS

Lässt sich bei einer Pflanze längere Zeit kein Wachstum feststellen, kann dies verschiedene Ursachen haben, wie zu geringe Wassergaben im Sommer oder zu viel Wasser im Winter. Zu Kümmerwuchs kann es jedoch auch kommen, wenn Pflanzen lange nicht umgetopft wurden. Abhängig vom Wachstum sollten Pflanzen regelmäßig umgetopft werden, ansonsten haben Wurzeln zu wenig Platz und können die Pflanze nicht ideal versorgen.

BLATTWURF

Werfen Pflanzen zu viele Blätter ab, kann dies ein Anzeichen für zu seltenes Gießen oder eine zu hohe Umgebungstemperatur sein. Allerdings sollte man bedenken, dass Blattwurf bei Pflanzen auch der vegetativen Vermehrung dienen kann. Im Zweifelsfall sollte man es mit einem anderen Standort versuchen.

Kakteen

UND ANDERE SUKKULENTEN

Dieser Wüstenkaktus aus Mexiko bildet kugelförmige bis zylindrische Triebe aus und besitzt zahlreiche hakenförmig gebogene Dornen. Er wächst meist einzeln und bildet nur selten Nebentriebe aus.

Fero-Kaktus

FEROCACTUS HERRERAE

WASSERBEDARF: Als Wüstenpflanze ist der Fero-Kaktus daran gewöhnt, dass auf zwei Monate Dauerregen Dürre und unbarmherzige Sonne folgen. Während der Wachstumsperiode im Sommer sollte der Kaktus in durchlässiger Erde stehen und ausreichend gegossen werden. Um Verbrennungen oder gar Narbenbildung zu vermeiden, sollte kein Gießwasser auf die Pflanzen gelangen. Während der Wintermonate trocken halten.

BLÜTE: Die Blüten sind immer gelb mit roter Mitte und werden vom Spätsommer bis Frühherbst ausgebildet.

VERMEHRUNG: Dieser Kaktus lässt sich nur über Samen vermehren. Früher wurden die Samen auch gemahlen und als Mehl verwendet.

WUSSTEN SIE, … … dass die gelb-rotfarbenen Blüten dieses unnahbar wirkenden Kaktus im Freien Schmetterlinge und Bienen anlocken und dass seine Früchte essbar sind?

Diese aus Mexiko stammende Sedum-Art mit ihren fleischigen, blaugrünen Blättern und rosa Blüten im Sommer ist als Hänge-Sukkulente beliebt.

Schlangen-Fetthenne

SEDUM MORGANIANUM

STANDORT: Diese Fetthenne eignet sich für die Zimmer- wie die Gartenkultur und liebt volle Sonne – je heller sie steht, desto kräftiger ihre Blätter und intensiver ihre Farbe. Im Haus kann die Pflanze etwas fahl wirken, in ihrer Heimat Mexiko im Freien dagegen sticht sofort ihre intensiv blaugraue Blattfarbe ins Auge.

WASSERBEDARF: Diese Pflanze reagiert recht empfindlich auf zu viel Wasser, daher in den Wintermonaten nur sparsam, das heißt alle paar Wochen gießen. Im restlichen Jahr wird mäßig gegossen, das Substrat sollte gut durchlässig sein, sodass die Erde gut abtrocknen kann.

VERMEHRUNG: Diese Sukkulente lässt sich leicht vermehren und wächst erfreulich schnell: Blätter von der Pflanze abtrennen, die Schnittflächen abtrocknen lassen, dann die Stecklinge in die Erde setzen.

ACHTUNG: Blätter und Triebe dieser Pflanze sind sehr empfindlich und fallen bzw. knicken bei Berührung schnell ab.

Diese Pflanzen aus Südafrika erfreuen sich aufgrund ihrer hübschen Zebrastreifen und ihrer Trockenheitsresistenz zunehmender Beliebtheit. Sie wirken fast wie eine Aloe in Miniatur. Ob sie einzeln oder in Tuffs wachsen, hängt vom Substrat ab.

Zebrapflanze

HAWORTHIA ATTENUATA

WASSERBEDARF: Die Zebrapflanze ist sehr trockenheitsresistent, schätzt im Sommer aber eine Wassergabe alle zwei Wochen. Sie reagiert sehr empfindlich auf zu hohe Wassergaben, was rasch zu Wurzelfäule führen kann.

UMTOPFEN: In knallbunten oder gestreiften Töpfen kommen Zebrapflanzen am besten zur Geltung, vor allem wenn man die Erde noch mit Sand in unterschiedlichen Farbtönen bestreut.

BLÜTE: Die Pflanze bildet in der Regel jährlich kleine weiße Blüten aus, meist direkt nach dem längsten Tag im Jahr. Auch wenn die Blüten eher unscheinbar sind, gelten sie doch als Indiz dafür, dass sich die Pflanze wohlfühlt.

VERMEHRUNG: Zebrapflanzen lassen sich wie *Aloe* vermehren, nämlich durch Blattstecklinge. Dazu ein Stück von einem Blatt abtrennen, das Blatt antrocknen lassen und in die Erde stecken. Alternativ kann man auch Tochterrosetten abnehmen und einpflanzen.

Diese *Crassula* zählt durch ihr ungewöhnliches Aussehen sicherlich mit zu den interessantesten Sukkulenten. Die silbrig grünen Blätter haben aufwärts geschwungene Spitzen, sie sind radial in Vierergruppen angeordnet und miteinander verzahnt, sodass die Pflanze fast wie eine quadratische Säule wirkt. Der weiße Belag dient als Sonnenschutz und speichert zusätzlich Feuchtigkeit.

Crassula 'Buddhas Temple'

CRASSULA 'BUDDHAS TEMPLE'

STANDORT:

Diese Sukkulente mag einen hellen Standort, der für kompaktes Wachstum der Blätter und kräftige Blütenfarben sorgt. Im Sommer die Pflanze vor direkter Sonneneinstrahlung schützen, um Sonnenbrand zu vermeiden.

BLÜTE:

Unter günstigen Kulturbedingungen bildet die Pflanze an der Spitze leuchtendrote und orangefarbene Blüten aus, die unabhängig von der Jahreszeit erscheinen.

SCHNITT:

Bei guter Pflege kann eine *Crassula* 'Buddhas Temple' bis zu 15 cm groß werden, bevor sie anfängt, sich zu verzweigen. Nach einigen Jahren verliert sie meist ihre Kompaktheit, was ihrem Aussehen abträglich ist. Am besten schneidet man den Stamm dann bis knapp oberhalb der Wurzel zurück, sodass sich ein neuer Trieb ausbilden kann.

Escobaria vivipara stammt aus den Trockengebieten Mexikos, man findet sie aber auch in den hochgelegenen Koniferenwäldern Kanadas. Der dicht mit strahlenförmigen Dornen bedeckte und dadurch recht bedrohlich wirkende Kaktus wächst meist einzeln, kann aber auch dichte Horste bilden.

Escobaria vivipara

ESCOBARIA VIVIPARA

STANDORT: *Escobaria* mag morgens ein vollsonniges Plätzchen und tagsüber lichten Schatten; der richtige Standort sorgt für kräftiges Wachstum und fördert die Blütenbildung. Die rosa bis violetten Blüten erscheinen von Frühjahr bis Spätsommer.

WASSERBEDARF: *Escobaria* stammt aus einer Region mit Sommerregen, deshalb in den wärmeren Monaten von April bis Anfang September einmal wöchentlich sparsam gießen. Dazwischen sollte die Erde vollständig abtrocknen, damit keine Wurzelfäule auftritt. In den kühleren Wintermonaten nur alle zwei bis drei Wochen gießen.

VERMEHRUNG: Die Vermehrung erfolgt über Kopfstecklinge – dazu den Kopfteil der Pflanze abtrennen und nach Verheilen der Schnittstelle zum Bewurzeln in Kakteenerde setzen.

Bei dieser schnellwüchsigen, in Südafrika beheimateten Pflanze aus der artenreichen Gattung *Crassula* sitzen die gegenständig angeordneten Blätter dicht übereinander, sodass sie wie am Stamm aufgefädelt wirken. Die in zahlreichen Einzelstämmen wachsende Pflanze kann auch dichte Horste bilden.

Crassula perforata 'Variegata'

CRASSULA PERFORATA 'VARIEGATA'

STANDORT:

Diese *Crassula* mag indirektes Sonnenlicht oder lichten Schatten. Pralle Sonne kann zu Sonnenbrand auf den Blättern führen, an einem hellen Standort färben sich die Blattspitzen kräftig rot.

WACHSTUM UND PFLEGE:

Diese wüchsige Sukkulente wird bis zu 45 cm hoch, ihre Blätter können bis zu 2,5 cm lang werden. Zwar ist sie pflegeleicht, doch extrem anfällig für Schildläuse und Pilzerkrankungen. Bei einem Befall mit Schildläusen lässt sich mit einer Lösung aus Spülmittel Abhilfe schaffen: Dazu 1 l Wasser mit ¼ Teelöffel Spülmittel mischen und die Lösung auf die befallenen Teile sprühen. Am besten vorab an einer kleinen Fläche testen, um zu sehen, wie die Pflanze darauf reagiert.

UMTOPFEN:

Aufgrund ihres kräftigen Wuchses sollte diese *Crassula* alle ein bis zwei Jahre umgetopft werden. Beim Umtopfen in lockere, sandig-kiesige, gut durchlässige Erde setzen.

Euphorbia acrurensis ist ein großer, sehr schmaler Säulen-Kaktus, der bis zu 3 m hoch, aber kaum breiter als der Pflanztopf wird.

Kandelaber-Wolfsmilch

EUPHORBIA ACRURENSIS

STANDORT:

Dieser in Südafrika in aridem Wüstenklima wachsende Kaktus sollte in Kultur einen möglichst ähnlich hellen und trockenen Standort haben, z. B. an einem Fenster. Aber Vorsicht: Direktes Sonnenlicht kann auf den Blättern zu Sonnenbrand führen.

WASSERBEDARF:

Im Sommer sollten diese großen Pflanzen einmal pro Woche durchdringend gegossen werden. Wie bei den meisten Kakteen darauf achten, dass die Erde zwischen den Wassergaben komplett abtrocknet und keine Staunässe entsteht.

ACHTUNG:

Die meisten Euphorbien sondern einen klebrigen Milchsaft ab, der Hautreizungen verursachen kann. Für Katzen und Hunde ist diese Pflanze schwach giftig.

BESONDER-HEITEN:

Diese Wolfsmilch bildet an den Triebspitzen kleine, zarte Blätter aus, die aussehen, als würden sie nur an einem seidenen Faden hängen und bei der kleinsten Berührung abfallen. Allerdings werden sie sowieso jährlich abgeworfen und durch neue ersetzt.

In ihrer Heimat Südafrika eher als Bodendecker bekannt, eignet sich *Senecio mandraliscae* auch sehr gut für große Töpfe oder Blumenampeln. Die Schönheit dieser Pflanze liegt in dem bläulichen Farbton ihrer Blätter.

Senecio mandraliscae

SENECIO MANDRALISCAE

STANDORT:

Diese *Senecio*-Art wächst in Wüstengebieten an schattigen Fleckchen und gedeiht daher auch im Zimmer am besten im lichten Schatten.

WASSERBEDARF:

Da sie sehr trockenheitsresistent ist, kann diese Pflanze auch wochenlang ohne Wasser auskommen, doch bekommt ihr in lockerer, durchlässiger Erde auch eine wöchentliche Wassergabe gut. Wichtig ist zudem eine gute Belüftung, da die Pflanze bei zu hoher Luftfeuchtigkeit leicht fault.

UMTOPFEN:

Diese buschig wachsende Art eignet sich als Zimmer- wie als Freilandpflanze, draußen jedoch nur in Topfkultur, da sie frostempfindlich ist und bei Kälte ins Haus sollte.

SCHNITT:

Senecio mandraliscae kann bis zu 45 cm hoch und 60 cm breit werden. Die Stängel neigen zum Umfallen – dann am besten kräftig zurückschneiden. Die abgeschnittenen Pflanzenteile in feuchten Sandboden stecken, dann bilden sie Wurzeln.

Diese eher einer Alge als einer Wüstenpflanze ähnelnde *Echeveria* besitzt meergrüne Blätter mit gekräuselten, rosa Spitzen, die – im Gegensatz zu denen der meisten anderen Sukkulenten – eine lockere, offene Rosette bilden. Die Pflanze wächst sehr langsam, kann aber bis zu 30 cm hoch werden und einen Durchmesser von 25 cm erreichen.

Echeveria 'Curly Locks'

ECHEVERIA 'CURLY LOCKS'

STANDORT:

Diese sonnenhungrige *Echeveria* fühlt sich auf einer Fensterbank mit viel natürlichem Licht wohl, mag aber auch hin und wieder eine leichte Beschattung.

WASSERBEDARF:

Im Sommer einmal pro Woche durchdringend gießen; dabei sollte möglichst kein Wasser auf die Blätter gelangen, da diese dann welken und abfallen können. Im Winter das Gießen einschränken – nur alle paar Wochen und gerade so viel, dass die Blätter nicht einschrumpfen.

BLÜTE:

Diese *Echeveria* blüht von April bis Ende September, ihre zahlreichen Blüten sind leuchtend orange-rot.

VERMEHRUNG:

Diese Pflanze bildet nur selten Ableger, daher geht eine Vermehrung über Blattstecklinge schneller. Die Schnittstellen der abgetrennten Teile vollständig trocknen lassen, dann die Stücke in durchlässige Kakteenerde setzen.

Die in ihrer Heimat Mexiko auf Felsen wachsende *Mammillaria backe-bergiana* ist ein hübscher Säulen-Kaktus, der von dichten Büscheln gelb-weißer Dornen und in den Sommermonaten zudem mit rosa bis violetten Blüten bedeckt ist. Diese Kakteen-Art wächst mehrstämmig und recht schnell, deshalb sollte sie alle paar Jahre umgetopft werden.

Mammillaria backebergiana

MAMMILLARIA BACKEBERGIANA

STANDORT: Dieser Kaktus verträgt pralle Sonne. Stellt man ihn vier, fünf Stunden am Tag direkt in die Sonne, wird die Blütenbildung gefördert und die Dornen werden kräftiger. In heißen Sommern mag er einige Stunden Schatten.

WASSERBEDARF: Das Gießen sollte auf ein Minimum beschränkt werden. Im Sommer wöchentlich sparsam gießen und die Erde dazwischen vollständig abtrocknen lassen. Im Winter nur alle zwei bis drei Wochen gießen.

BLÜTE: Unter günstigen Bedingungen blüht eine *Mammillaria backebergiana* im Sommer mehrere Male. Die rosafarbenen Blüten bilden an der Krone charakteristische Blütenkränze.

ACHTUNG: Zwischen den Dornen darf kein Wasser stehen – das führt rasch zum Welken und Abfaulen des Pflanzenkörpers.

Die in den trockenen Felsenregionen Südafrikas und Madagaskars heimische *Aloe vera* zählt zu den beliebtesten kultivierten *Aloe*-Arten.

ALOE VERA

STANDORT: An eine raue, trockene Umgebung und ein Leben unter Büschen gewöhnt, benötigt die *Aloe vera* kein direktes Sonnenlicht und ist relativ robust, schätzt jedoch ein trockenes Zimmer in Südlage.

WASSERBEDARF: Gelangt beim Gießen Wasser auf die Blätter, beginnen sie rasch zu faulen; während der Winterruhe gar nicht gießen, um Wurzelfäule vorzubeugen. Zwischen den Wassergaben die Erde komplett abtrocknen lassen.

UMTOPFEN: Am besten in einen Tontopf – so kann überschüssiges Wasser durch das poröse Material verdunsten.

ACHTUNG: Diese Pflanze besser außer Reichweite von Haustieren aufstellen, da sie schwach giftig ist und bei Verzehr zum Erbrechen führt.

WUSSTEN SIE, … … dass *Aloe-vera*-Saft seit Jahrhunderten zur Behandlung von Hautreizungen und Verbrennungen verwendet wird? Also am besten gleich eine *Aloe* in die Küche stellen.

Dieser dekorative Urwald-Kaktus wächst in Bolivien und anderen südamerikanischen Ländern als Epiphyt auf Bäumen. Im Haus fühlt er sich in einer Blumenampel oder auf einem Regal wohl, wo seine Hängetriebe genügend Platz zum Wachsen haben.

Bolivianischer Blatt-Kaktus

LEPISMIUM BOLIVIANUM

STANDORT: Als typische Urwaldpflanze gedeiht *Lepismium bolivianum* gut im Schatten. Allerdings kräftigt es die Pflanze und fördert die Blütenbildung, wenn man sie ab und zu in die Sonne stellt.

WASSERBEDARF: Dieser Kaktus bevorzugt eine hohe Luftfeuchtigkeit, daher sollte man ihn einmal die Woche besprühen. Nur alle zwei Wochen sparsam gießen – Staunässe kann zu Wurzelfäule und Absterben der Pflanze führen.

BLÜTE: Die Blüte erfolgt in der Regel in den Sommermonaten. Dann erscheinen an den Stängelrändern leuchtend orange-rosafarbene Blüten, die einige Wochen lang halten.

VERMEHRUNG: Relativ leicht über Stecklinge, die in sandig-kiesigem Substrat bereits nach wenigen Wochen wurzeln. Bis zur Wurzelbildung sollte die Erde trocken gehalten werden, damit die Stecklinge nicht faulen.

Dieser schnellwüchsige Epiphyt aus Brasilien siedelt in freier Natur auf Bäumen oder Felsen. Wachsen die Triebe des Säulen-Binsen-Kaktus zunächst aufrecht, neigen sie sich später aufgrund ihres Eigengewichtes herab. Ein Hauptstamm und Dornen fehlen. Dieser Kaktus eignet sich perfekt für Blumenampeln, lässt sich aber mit Stützstäben auch gut im Topf kultivieren.

Keulen-Binsen-Kaktus

HATIORA SALICORNIOIDES

STANDORT:

Der Käulen-Binsen-Kaktus verträgt kein direktes Sonnenlicht und sollte daher an einem kühlen, schattigen Platz in gut durchlässiger Erde stehen. Um Blüten zu bilden, benötigt er zwar Sonne, doch fühlt er sich im Schatten deutlich wohler.

BLÜTE:

Die winzigen, leuchtend orangegelben Blüten stehen an den Triebspitzen und bilden einen hübschen Kontrast zu den grünen Stängeln. Aus ihnen entwickeln sich durchscheinende, grüne Beeren mit roter Spitze.

VERMEHRUNG:

Der Keulen-Binsen-Kaktus bildet Ableger, die rasch wurzeln und manchmal sogar größer werden als die Mutterpflanze.

WUSSTEN SIE, …

… dass der Keulen-Binsen-Kaktus seinen Namen den runden Trieben verdankt, die der Form nach an kleine Keulen erinnern? Die kleinen, hängenden Triebe sind leuchtend grün und manchmal violett überhaucht.

Dieser leuchtend grüne Kaktus mit seinen aufrechten säulenförmigen Stämmen wird – in Reihe gepflanzt – seit Jahrhunderten in seiner Heimat Mexiko als lebender Zaun für Viehweiden verwendet.

Pachycereus marginatus

PACHYCEREUS MARGINATUS

STANDORT:

Am besten ist ein Standort in voller Sonne, da dieser Kaktus an eine sehr heiße, trockene Umgebung gewöhnt ist.

WASSERBEDARF:

Pachycereus marginatus braucht kaum Pflege; er ist sehr robust und benötigt ausgesprochen wenig Wasser. In den heißen Sommermonaten reicht eine mäßige Wassergabe pro Woche, dazwischen sollte die Erde vollständig abtrocknen. Im Winter benötigt er noch weniger Wasser, also nur alle paar Wochen sehr sparsam gießen.

UMTOPFEN:

Da diese Kakteenart über 6 m hoch werden kann, ist das Umtopfen nicht einfach. Die Pflanze wird schnell kopflastig, empfehlenswert ist daher ein Umtopfen alle paar Jahre, um sie mit frischem Substrat und einem größeren Topf zu versorgen. Nach dem Umtopfen den Kaktus einige Wochen lang nicht wässern, damit die Wurzeln anwachsen und der Pflanze Halt geben können.

Diese aus Afrika stammende kleine Sukkulente besitzt schmale, längliche Triebe, an denen die Blätter dicht gepackt und versetzt sitzen, ähnlich wie bei einem Reißverschluss – daher der Name. Da die Pflanze meist buschig wächst und die Triebe bis zu 20 cm lang werden, eignet sie sich gut für Hängeampeln.

Reißverschlusspflanze

CRASSULA LYCOPODIOIDES

STANDORT:
Diese *Crassula* steht gerne in einem hellen Zimmer mit Morgensonne. Sie verträgt Hitze gut, solange die Luftfeuchtigkeit niedrig ist.

WASSERBEDARF:
Im Sommer großzügig gießen, im Untersetzer darf jedoch kein Wasser stehen. Zwischen den Wassergaben sollte die Erde komplett abtrocknen. Steht die Pflanze in den Wintermonaten kühl, sollte weder gegossen noch gedüngt werden; beides erst wieder aufnehmen, wenn der Kaktus wärmer steht.

BLÜTE:
Ein kühler Standort im Winter kann für eine Frühjahrsblüte sorgen. Aber Achtung: Die aus den Blattachseln treibenden, kleinen gelben Blüten verströmen oft einen unangenehmen, beißenden Geruch.

VERMEHRUNG:
Die Reißverschlusspflanze lässt sich leicht durch Ableger oder Blattstecklinge vermehren. Abgetrennte Blätter werden nach dem Austrieb in Kakteenerde gepflanzt.

Diese in Florida heimischen (daher der Sortenname) Kakteen sind relativ selten; sie öffnen ihre Blüten nur nachts. In der freien Natur erscheinen die Blüten nach Sonnenuntergang und blühen stets nur eine Nacht.

Felsen-Kaktus

CEREUS REPANDUS 'FLORIDA'

STANDORT:

Felsen-Kakteen lieben viel Sonne, mögen aber auch hin und wieder etwas Schatten; stehen sie in der prallen Sonne, können sie durch Sonnenbrand Schaden nehmen.

WASSERBEDARF:

Während der Sommermonate einmal wöchentlich gründlich gießen, zwischen den Wassergaben die Erde vollständig abtrocknen lassen. Bei kühleren Temperaturen im Winter hält die Pflanze meist Winterruhe. Dann sollte man nur sparsam – alle paar Wochen – etwas gießen. Felsen-Kakteen speichern in ihren Trieben genügend Wasser, um diese Zeit unbeschadet zu überstehen.

UMTOPFEN:

In unglasierten Keramik- und Tontöpfen kommt *Cereus repandus* 'Florida' am besten zur Geltung, zudem stabilisieren sie mit ihrem Gewicht die Pflanze.

WUSSTEN SIE, … ?

… dass man die Früchte des Felsen-Kaktus roh genießen kann? Eine enge Verwandtschaft besteht zur Drachenfrucht *(Pitahaya)*.

Der in Südafrika beheimatete Geldbaum zählt zu den beliebtesten Zimmer-Sukkulenten und wächst in freier Natur zu kleinen Bäumen oder Büschen heran. Die Bezeichnung »Geldbaum« leitet sich aus den kleinen, rundlichen Blättern ab. Die rosa-weißen Blüten erscheinen nur einmal im Jahr.

Geldbaum

CRASSULA OVATA

STANDORT: Der Geldbaum gedeiht am besten bei natürlichem Sonnenlicht. Er toleriert aber auch wenig Licht und Trockenheit, ist also relativ pflegeleicht.

WACHSTUM UND PFLEGE: Geldbäume können recht groß werden, sodass ein Umtopfen alle paar Jahre ratsam ist. Vor dem Umtopfen die Erde komplett durchtrocknen lassen, da sie in feuchter Erde nur schwer wieder anwachsen.

UMTOPFEN: Diese genügsame Pflanze kann jahrelang im gleichen Topf verbleiben, doch sollte dann alle paar Jahre das verbrauchte Substrat ausgetauscht werden, am besten im Frühjahr. Erst wieder gießen, wenn Neuaustrieb zu sehen ist.

VERMEHRUNG: Diese *Crassula*-Art lässt sich leicht über Trieb- oder Blattstecklinge vermehren. Abgetrennte Blätter auf trockene Erde legen; sobald sie angetrocknet sind, wurzeln sie bereitwillig, und schon nach wenigen Monaten hat man einen neuen Geldbaum.

Das Rosetten-Dickblatt ist im trockenen Bergland der Kanarischen Inseln zu Hause. Die verholzten Stängel sind stark verzweigt, sodass an die grünen oder roten Rosetten möglichst viel Sonne gelangt.

Rosetten-Dickblatt

AEONIUM ARBOREUM

STANDORT:
Aeonium arboreum benötigt viel Sonne; bei Lichtmangel verlieren die Blätter ihre runde Form und sterben ab.

WASSERBEDARF:
Staunässe verträgt das Rosetten-Dickblatt überhaupt nicht. In den Sommermonaten mäßig gießen und das Substrat abtrocknen lassen, bis es gerade noch feucht ist. Im Winter die Erde zwischen den Wassergaben vollständig abtrocknen lassen.

UMTOPFEN:
Die Pflanzen können bis zu 1,50 m hoch werden und benötigen deshalb stabile Töpfe und Stützstäbe. Sie wachsen sehr schnell, daher jährlich in sandig-kiesiges Substrat umtopfen.

BLÜTE:
Vom Spätwinter bis Anfang Frühjahr erscheinen in der Mitte der Rosetten kleine, gelbe, sternförmige Blüten. Nach der Blüte sterben die Rosetten ab.

BESONDER-HEITEN:
Aufgrund des schnellen Wachstums und des Gewichts der Rosetten kann es passieren, dass Triebe abbrechen – diese lassen sich aber gut zur Vermehrung nutzen.

Diese hübsche, meist wegen ihrer filzigen, samtähnlichen Blätter kultivierte *Kalanchoe* ist in Madagaskar beheimatet und kann eine Höhe von 45 cm erreichen. Sie ist relativ pflegeleicht, da sie in ihren dicken, fleischigen Blättern viel Wasser speichert. Mit zunehmendem Alter färben sich die sägeartigen Spitzen der silbrig grünen, ovalen Blätter braun und die Blattränder werden oft unregelmäßig.

Katzenohr

KALANCHOE TOMENTOSA

STANDORT:

Das Katzenohr mag einen sonnigen Standort, z. B. in einem Wintergarten oder hellen Wohnzimmer, wo es schnell kräftige Neutriebe ausbildet.

UMTOPFEN:

Wenn sich die Triebe mit der Zeit neigen und über die Topf-wand herabhängen, kann man die Pflanze in eine Blumen-ampel setzen. Da sie langsam wächst, muss diese Kalanchoe nur alle paar Jahre umgetopft werden, ältere Exemplare sogar noch seltener.

BLÜTE:

In der freien Natur blüht das Katzenohr bereitwillig, als Zimmerpflanze jedoch eher selten; diese Kalanchoe wird daher meist als Blattschmuckpflanze kultiviert.

ACHTUNG:

Bei Haustieren ist Vorsicht angesagt, da Kalanchoen für Katzen und Hunde giftig sind.

Dieser in Amerika und Mexiko beheimatete Kaktus ist an heiße Trockengebiete angepasst. Aufgrund der langen Wurzeln empfiehlt sich ein tiefer Topf, das Substrat sollte durchlässig sein und viel Kies enthalten.

Sclerocactus scheeri

SCLEROCACTUS SCHEERI

STANDORT:

Dieser sonnenhungrige Kaktus verkümmert, wenn er zu wenig Licht bekommt – gut erkennbar an geringem Wachstum und weichen Dornen. Am besten gedeiht er in einem Wintergarten, aber er fühlt sich auch auf einer hellen, gut belüfteten Fensterbank in der Küche mit ab und an etwas Schatten wohl.

WASSERBEDARF:

In den Wintermonaten verträgt die Pflanze auch kühlere Temperaturen. Ihr Wasserbedarf ist in dieser Zeit minimal, zwischen den Wassergaben sollte die Erde vollständig abtrocknen.

BLÜTE:

Fühlt sich dieser Kaktus wohl, zeigt er sich zwischen Februar und März sehr blühfreudig und bringt zahlreiche grüne bis gelbe Blüten hervor.

WACHSTUM UND PFLEGE:

Dieser Wüsten-Kaktus liebt sandigen Boden mit geringem Erdanteil. Auch fertig gemischte Kakteenerde verträgt er gut.

Die glatten, grünen, suppentellergroßen Blätter des Wüstenkohls sind rosettenförmig angeordnet und färben sich an den Rändern rot, wenn die Pflanze in der Sonne steht. Stehen die Blätter sehr eng, ähneln sie sogar Lippen.

Wüstenkohl

KALANCHOE THYRSIFLORA

WASSERBEDARF: Diese südafrikanische Wüsten-Sukkulente fühlt sich in trockenen Räumen wohl. Sie benötigt nur eine Wassergabe pro Woche, im Winter sogar noch weniger.

UMTOPFEN: Ist der Topf bereits komplett durchwurzelt, ist es ratsam, die Pflanze umzutopfen. Die Erde sollte dabei vollständig trocken und der neue Topf nur wenig größer als der alte sein.

BLÜTE: Im Frühjahr des zweiten Jahres bildet der Wüstenkohl unzählige süß duftende, gelbe Blüten aus. Nach der Blüte vermehrt man den Wüstenkohl über Blattstecklinge.

ACHTUNG: Alle *Kalanchoe*-Arten sind für Tiere bei Verzehr giftig. Bei Haustieren, wie Hunden und Katzen, ist also Vorsicht geboten.

WUSSTEN SIE, … … dass der Wüstenkohl auch Wüstenrose genannt wird? Diese langsam wachsende Pflanze ist sehr anspruchslos und robust.

Aufgrund ihres verzweigten Wuchses und zahlreicher abgewinkelt stehender, spitz zulaufender Blätter wird die Südliche Zylinder-Opuntie in ihrer Heimat Peru oft als Naturzaun angepflanzt.

Südliche Zylinder-Opuntie

AUSTROCYLINDROPUNTIA SUBULATA

STANDORT:

Dieser Kaktus gedeiht an einem vollsonnigen wie teilschattigen Standort, z. B. in einer luftigen Küche. Er ist zwar nicht extrem nässeempfindlich, benötigt aber eine gute Luftzirkulation und sehr niedrige Luftfeuchtigkeit.

WASSERBEDARF:

Im Sommer einmal pro Woche mäßig gießen und zwischen den Wassergaben die Erde vollständig abtrocknen lassen. Im Winter gerade so viel gießen, dass die Blätter nicht einschrumpfen.

WACHSTUM UND PFLEGE:

Die Südliche Zylinder-Opuntie hat einen baumähnlichen Wuchs. Bei guter Pflege und durch regelmäßiges Umtopfen kann sie bis zu 4 m hoch werden und hellgelbe, bis zu 15 cm lange Dornen ausbilden. Im Sommer erscheinen rote Blüten, gefolgt von roten Früchten.

VERMEHRUNG:

Seitentriebe an der verholzten Basis vom Haupttrieb abtrennen, Schnittflächen abtrocknen lassen und dann die Stecklinge zum Bewurzeln in lockere, sandige Erde setzen.

Diese von den Kanaren stammende *Aeonium* ist heute weit verbreitet, man findet sie sogar in Kalifornien. Im Sommer färben sich die Ränder der hübsch grün-gelb gemusterten Blätter hellrosa, und in der Rosettenmitte erscheinen zarte weiße, gestielte Blüten.

Zierliches Aeonium

AEONIUM DECORUM 'SUNBURST'

STANDORT:

Diese langsam wachsende Sukkulente kann in direkter Sonne oder im lichten Schatten stehen, sie verträgt keine Minusgrade, da sie frostanfällig ist. Gut gedeiht sie an einem warmen, sonnigen Plätzchen im Haus.

WASSERBEDARF:

In den Sommermonaten von April bis Oktober regelmäßig gießen, zwischen den Wassergaben die Erde jedoch gut abtrocknen lassen, um Wurzelfäule vorzubeugen.

WACHSTUM UND PFLEGE:

Aeonium decorum ist eine wunderschöne Topfpflanze, die bis zu 45 cm hoch und breit werden kann. Ihre großen Rosetten stehen an langen, kahlen Trieben, bei älteren Pflanzen erscheinen während der Wachstumsphase blassgelbe Blüten.

ACHTUNG:

Leider ist diese *Aeonium*-Art recht anfällig für Wurzel- und Stammfäule, selbst wenn die Erde trocken gehalten wird. Beginnen die Wurzeln zu faulen, kann man den oberen Wurzelteil abtrennen und zum Neubewurzeln in Erde setzen.

Der Sortenname 'Monstrosus' dürfte selbsterklärend sein, denn die verwachsene, knorrige Gestalt des *Cereus* könnte einem Horrorfilm entsprungen sein. Aufgrund ihres unregelmäßigen Wuchses und ihrer verschlungenen, verdrehten Glieder gleicht keine Pflanze der anderen.

Cereus hildmannianus 'Monstrosus'

CEREUS HILDMANNIANUS 'MONSTROSUS'

STANDORT:

Ein heller Platz mit abwechselnd Sonne und Schatten sorgt für kräftigen Wuchs und eine robuste Pflanze; von direkter Sonne ist abzuraten.

WASSERBEDARF:

Im Sommer einmal wöchentlich gießen, zwischen den Wassergaben die Erde abtrocknen lassen. Im Winter ganz auf das Gießen verzichten und auf einen Standort mit geringer Luftfeuchtigkeit achten, also nicht im Badezimmer. Zu viel Wasser und Schatten bewirken, dass dieser Kaktus aufquillt und unansehnlich wird.

UMTOPFEN:

Dieser äußerst wüchsige Kaktus kann jährlich bis zu 20 cm wachsen, sodass er eventuell jedes Jahr umgetopft werden muss.

ACHTUNG:

In einem wenig durchlässigen Substrat kann es schnell zu Wurzelfäule kommen. Um dem vorzubeugen, sollte man den Topfboden mit Kies oder kleinen Steinen auslegen.

Die aus Südafrika stammende Leuchterblume eignet sich perfekt für Blumenampeln. Sie besticht weniger durch eine üppige Belaubung als durch ihre zierlichen, herzförmigen Blätter an den schnurähnlichen Stängeln.

Leuchterblume

CEROPEGIA WOODII

STANDORT: Diese hübsche Pflanze benötigt nur wenig Pflege, dafür aber sehr viel Licht. Am besten gönnt man ihr ein Plätzchen im sonnigsten Zimmer des Hauses.

WASSERBEDARF: Während der Wachstumsphase mäßig gießen, zwischen den Wassergaben die Erde vollständig abtrocknen lassen. Wurzeln und Triebe sind empfindlich gegen Staunässe. Gelbe Blätter sind ein Hinweis auf Wurzelfäule oder zu niedrige Temperaturen.

BLÜTE: Diese attraktive Hängepflanze kann den ganzen Sommer über blühen. Auf die weißen, relativ unscheinbaren Blüten folgen gelegentlich Fruchtschoten mit Samen.

SCHNITT: Die Triebe dieser langlebigen Pflanze dünnen mit der Zeit ein wenig aus und sollten hin und wieder zurückgeschnitten werden. Die entfernten Triebspitzen kann man zum Bewurzeln in feuchte Erde stecken.

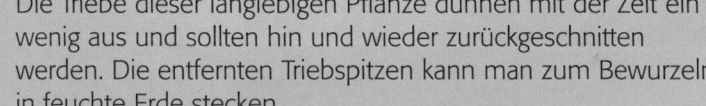

Diese mit der bekannteren *Aeonium haworthii* verwandte Art bildet schnell Ableger und wächst daher rasch zu einem umfangreichen Strauch heran. Die Ränder der meist grünen Blätter haben einen rötlichen Farbton, der sich bei viel Sonne vertieft.

Aeonium volkerii

AEONIUM VOLKERII

STANDORT:

In ihrer Wachstumsphase vom Spätwinter bis zum Frühjahr benötigt diese Pflanze einen feuchten, schattigen Standort.

WASSERBEDARF:
Aeonium verträgt eine sehr heiße, trockene Umgebung nur schlecht. Bei zu großer Hitze rollen sich ihre Blätter ein – die Pflanze versucht so, ihren Wasserverlust zu minimieren, zudem ist es ein Hinweis darauf, dass sie etwas Wasser nötig hat. Im Winter erst wieder gießen, wenn die Erde vollständig abgetrocknet ist.

UMTOPFEN:
Aeonium volkerii lässt sich gut mit anderen Pflanzen kombinieren, z. B. in einem flachen Pflanzgefäß mit *Aloe-*, *Agave-* oder *Crassula-*Arten wie dem Geldbaum.

ACHTUNG:
Die im Allgemeinen pflegeleichten *Aeonium* sind anfällig für Stamm- und Wurzelfäule. Dem lässt sich mit einem Tongefäß und durchlässigem Substrat vorbeugen.

Crassula arborescens ist in Südafrika beheimatet und wächst in freier Natur zu mittelgroßen Sträuchern oder kleinen Bäumen heran. Als Zimmerpflanze gedeiht der Pfennigbaum – den Namen verdankt er seinen münzähnlichen Blättern – auch in einem kleinen Topf an einem hellen Standort. Aufgrund seiner blaugrünen, mit winzigen roten Punkten gesprenkelten Blätter ist er zudem eine attraktive Blattschmuckpflanze.

Pfennigbaum

CRASSULA ARBORESCENS

STANDORT:

Der Pfennigbaum liebt einen hellen Standort mit etwas direkter Sonne – perfekt wäre z. B. eine helle Fensterbank, die auch die Blütenbildung fördert. Lichtmangel führt zu Geilwuchs.

WASSERBEDARF:

Diese trockenresistente Pflanze erträgt zwar längere Trockenzeiten, doch damit sie sich von ihrer besten Seite zeigen kann, sollte man sie im Sommer einmal wöchentlich gießen; in den kühleren Monaten kann es etwas weniger sein.

BLÜTE:

Im Sommer überrascht der Pfennigbaum mit einer umwerfenden Blütenpracht: Die sternförmigen Blüten stehen an den Blattenden in kleinen runden Büscheln zusammen und trocknen zu kleinen Kugeln ab.

Mit ihren blauvioletten, rosettenförmig angeordneten fleischigen Blättern zählt die 'Perle von Nürnberg' zu den attraktivsten Echeveria-Vertretern. Sie bildet zahlreiche Tochterrosetten mit bis zu 30 cm Durchmesser aus.

Echeveria 'Perle von Nürnberg'

ECHEVERIA 'PERLE VON NÜRNBERG'

STANDORT:

Diese anpassungsfähige Pflanze liebt viel Sonne, am Nachmittag jedoch auch etwas Schatten. Bei milden Temperaturen kann sie im Sommer ins Freie gestellt werden.

WASSERBEDARF:

In den wärmeren Monaten gut gießen, am besten von unten, damit sich kein Wasser in den Blattachseln sammelt – dies begünstigt Fäulnis und Narbenbildung. Darauf achten, dass im Untersetzer kein Wasser steht, da dies schnell zu Wurzelfäule führt. Im Winter sparsam gießen und die Erde zwischen den Wassergaben vollständig abtrocknen lassen.

BLÜTE:

Diese *Echeveria* ist einzigartig in der großen Anzahl gleichzeitig ausgebildeter Blütenstängel, nämlich bis zu sechs pro Rosette, an denen von Ende Frühjahr bis zum Frühsommer orangegelbe Blüten erscheinen.

Die in Mexiko beheimatete *Echeveria affinis* ist mit ihren leuchtend-grünen, fleischigen Blättern eine robuste Sukkulente, die nur wenig Ansprüche stellt und sowohl extreme Hitze als auch Kälte verträgt. Meist bildet die Pflanze kleine, kompakte Rosetten aus, manchmal auch längere Triebe und Ableger.

Echeveria affinis

ECHEVERIA AFFINIS

STANDORT:

Diese Echeverie liebt Sonne und sollte daher einige Stunden am Tag direktes Sonnenlicht genießen dürfen. Dies regt zudem die Blütenbildung an, birgt aber auch die Gefahr eines Sonnenbrands. Werden die Blätter braun, die Pflanze sofort in den Schatten stellen, vor allem in den heißen Sommermonaten.

WASSERBEDARF:

Während der Wachstumsphase im Sommer regelmäßig, etwa einmal wöchentlich, gießen, zwischen den Wassergaben die Erde vollständig abtrocknen lassen. Im Winter das Gießen auf ein Minimum beschränken. Da Echeverien anfällig für Wurzelfäule sind, sollte nie Wasser im Untersetzer bei den Topfpflanzen stehen.

BLÜTE:

Die Blüte erfolgt im Spätsommer bis Frühherbst. Dann erscheinen unter den Rosetten lange, gebogene Blütenstände mit großer Fülle. Eine Vermehrung kann über Blattstecklinge erfolgen, am besten aber mittels Samen oder Kopfstecklingen.

VERMEHRUNG:

Vermehrung einfach über Blattstecklinge, am leichtesten gelingt sie jedoch mit Samen oder Kopfstecklingen.

Ein typisches Kennzeichen von *Oreocereus trollii* sind die feinen, weißen Haare, die den Kaktus komplett einhüllen. Sie dienen der Pflanze in ihrer hochgelegenen Heimat – den trockenen Andenregionen Nordargentiniens mit ihren Nachtfrösten im Winter und starker Sonneneinstrahlung im Sommer – als Schutz vor der Witterung.

Berg-Kaktus

OREOCEREUS TROLLII

STANDORT: Der Berg-Kaktus gedeiht am besten in voller Sonne in einem gut belüfteten, trockenen Raum – hohe Luftfeuchtigkeit verträgt er schlecht.

WASSERBEDARF: Im Sommer einmal wöchentlich gießen, davor die Erde gut abtrocknen lassen. Während der Winterruhe wird der Kaktus nicht gegossen.

WACHSTUM UND PFLEGE: In den weißen Haaren können sich Schmutzpartikel und Staub sammeln; diese lassen sich vorsichtig mit einem trockenen Pinsel »auskämmen«.

UMTOPFEN: Dieser hohe Säulen-Kaktus verzweigt sich gerne an der Basis, sodass er alle zwei Jahre umgetopft werden sollte, am besten im Frühjahr. Erst zwei bis drei Wochen nach dem Umtopfen wieder gießen.

Die Gattung *Agave* umfasst mehr als 600 verschiedene Arten, von denen die bekannteste die Hundertjährige Agave sein dürfte, deren Name auf ihre Langlebigkeit hindeutet. Ihre langen, spitz zulaufenden Blätter sind am Rand oft weiß gesprenkelt.

Hundertjährige Agave

AGAVE AMERICANA

STANDORT:

☀

Als typische Wüstenpflanze toleriert die Agave Trockenheit und schätzt Sonne – deshalb kann sie im Sommer auch problemlos ins Freie gestellt werden.

WASSERBEDARF:

💧

Die pflegeleichte Agave fühlt sich in jedem Substrat wohl, solange dieses gut durchlässig ist. Einmal wöchentlich sparsam gießen, die Erde dazwischen vollständig abtrocknen lassen, um Wurzelfäule zu verhindern.

UMTOPFEN:

🪴

Agaven gedeihen am besten in Erde, der viel Sand beigemischt ist, da dieser die Durchlässigkeit des Bodens verbessert.

BLÜTE:

❀

Die Rosetten sterben bei den Agaven nach der Blüte ab, wobei es im Topf nur selten oder nie zur Blüte kommt. Zur Vermehrung bilden sie Tochterrosetten aus.

ACHTUNG:

⚠

Manche Arten besitzen mit scharfen, gezackten Zähnen besetzte Blattränder und sind für Katzen und Hunde schwach giftig.

Trotz ihrer röhrenähnlichen Triebe ist diese *Crassula*-Art eng mit dem bekannteren rundblättrigen Geldbaum verwandt, daher stellen beide ähnliche Ansprüche an die Pflege.

Die Sorte 'Gollum' kann bis zu 80 cm groß, 30 cm breit und ihr Stamm im Alter recht kräftig werden – alles in allem eine Pflanze mit interessanter Erscheinung, deren Entwicklung man gerne verfolgt und die sich sogar als Bonsai gestalten lässt.

Geldbaum 'Gollum'

CRASSULA OVATA 'GOLLUM'

STANDORT: Diese Pflanze mit den trompetenähnlichen Trieben steht im Haus gerne vollsonnig, toleriert aber auch lichten Schatten. Am besten gönnt man ihr täglich einige Stunden Sonnenlicht.

WASSERBEDARF: Im Sommer mäßig gießen, die Erde zwischen den Wassergaben vollständig abtrocknen lassen. Nicht überwässern, vor allem in den Wintermonaten, in denen die Pflanze auch wochenlang ohne Wasser auskommen kann.

WACHSTUM UND PFLEGE: Eine sehr wüchsige Pflanze, deren Größe sich jährlich vervierfachen kann. Sobald der Topf komplett durchwurzelt ist, sollte umgetopft werden.

VERMEHRUNG: Die Vermehrung kann problemlos über Blatt- und Kopfstecklinge erfolgen. Auch abgefallene Blätter wurzeln in trockener Erde rasch neben der Mutterpflanze.

Dieses ungewöhnliche Mitglied der Gattung *Echeveria,* die *E. runyonii* der Sorte 'Topsy Turvy', lässt sich leicht an seinen Rosetten bildenden, hellblaugrünen bis weißblauen, spatelförmigen, aufgebogenen Blättern erkennen.

Echeveria runyonii 'Topsy Turvy'

ECHEVERIA RUNYONII 'TOPSY TURVY'

WASSERBEDARF: Beim Gießen dieser Sukkulente darauf achten, dass sich kein Wasser in den Blattachseln sammelt, da dies Fäulnis und Pilzkrankheiten begünstigt. Wie bei den meisten Sukkulenten fördert viel Sonne kräftiges Wachstum und eine intensive Farbgebung bei Blättern und Blüten.

WACHSTUM UND PFLEGE: Die Rosetten können bei dieser wüchsigen Sukkulente einen Durchmesser von bis zu 25 cm erreichen, die einzelnen silbrig grauen Blätter bis zu 12 cm lang und 2,5 cm breit werden.

BLÜTE: Der Blütenstand dieser aus Mexiko stammenden *Echeveria-runyonii*-Sorte besteht aus einer großen, bogenförmigen Traube mit gelben und orangefarbenen Blüten.

ACHTUNG: Abgestorbene Blätter an der Pflanzenbasis sollten regelmäßig entfernt werden, da sie ideale Brutstätten für Schädlinge sind. *Echeverien sind* vor allem anfällig für Schildläuse.

Mit seinem bläulich grünen bis leuchtend blauen Stamm und den kontrastierenden gelben Dornen gehört der Blaue Säulen-Kaktus sicherlich zu den hübschesten Zimmer-Kakteen.

Blauer Säulen-Kaktus

PILOSOCEREUS AZUREUS

STANDORT: Diese in Mexiko und Brasilien beheimatete Kakteen-Art liebt viel Sonne, gelegentlich aber auch etwas Schatten, was die Bildung der röhrenförmigen blauen Blüten fördert, aus denen kugelige Früchte hervorgehen.

WASSERBEDARF: Dieser Kaktus benötigt im Sommer regelmäßige Wassergaben. Am besten einmal pro Woche durchdringend wässern, der Boden sollte aber gut durchlässig sein, damit die Wurzeln nicht dauerhaft feucht stehen und zu faulen beginnen. Ihr volles Potenzial entfalten Blaue Säulen-Kakteen, wenn sie im Sommer gedüngt werden.

UMTOPFEN: Ein Säulen-Kaktus kann bis zu 4,5 m hoch werden und sollte daher öfters umgetopft werden. Dazu mit Handschuhen die Pflanze aus dem Topf nehmen, alte Erde abklopfen und in einen größeren Topf setzen.

VERMEHRUNG: Am einfachsten ist eine Vermehrung über Stecklinge. Dazu die Triebspitze einer älteren Pflanze abtrennen und in Substrat setzen, wo sie nach einigen Wochen Wurzeln bildet.

Der gerne wegen seiner auffälligen Blätter kultivierte Sägeblatt-Kaktus lässt sich gut an dem Zickzack-Muster erkennen, das die an einer kräftigen Mittelrippe stehenden Blätter bilden, und sieht aus, als wäre er direkt einem Matisse-Gemälde entsprungen.

Sägeblatt-Kaktus

EPIPHYLLUM ANGULIGER

STANDORT:

Der Sägeblatt-Kaktus mag indirektes Sonnenlicht – ideal wäre also ein Platz im Wohnzimmer oder Bad.

WASSERBEDARF:

Diese Kakteen-Art wächst im Urwald und mag daher regelmäßige, aber nicht zu reichliche Wassergaben, ein stets feuchtes Substrat und eine hohe Luftfeuchtigkeit.

BLÜTE:

Der Sägeblatt-Kaktus bringt – wenn auch eher selten – gelbweiße, duftende Blüten hervor. Da er zu den Nachtblühern gehört, öffnen sich seine Blüten nachts und blühen nur einen Tag – ein spektakulärer Anblick, wenn man das Glück hat, beim Öffnen der Blüte dabei zu sein.

ACHTUNG:

Dieser Kaktus hat zwar keine sichtbaren Dornen, doch sind seine Triebe mit winzigen Härchen besetzt, die bei Berührung zu Hautreizungen und Unwohlsein führen können.

Diese kleine, langsam wachsende Echeverie besitzt gesprenkelte, dunkelolivgrüne bis rötlich braune, spitz zulaufende Blätter, die eine dichte Rosette mit einem Durchmesser von bis zu 8 cm bilden. Meist einzeln wachsend, kann sie bei guter Pflege auch Ableger hervorbringen und dichte Polster bilden. Bewurzelte Ableger können problemlos umgesetzt werden.

Echeveria purpusorum

ECHEVERIA PURPUSORUM

STANDORT:
☀

Echeveria purpusorum gedeiht am besten an einem hellen, warmen Plätzchen – Sonne und Wärme intensivieren die Rotfärbung der Blätter und fördern die Blütenbildung. Um Sonnenbrand zu verhindern, nicht direktem Sonnenlicht aussetzen.

WASSERBEDARF:
⬨

Beim Gießen darf kein Wasser in die Rosette gelangen, da dies Fäulnis und Pilzinfektionen begünstigt, die zum Absterben der Pflanze führen können.

WACHSTUM UND PFLEGE:
⚘

Im Laufe der Zeit sammeln sich abgestorbene Blätter an der Pflanzenbasis, die möglichst rasch entfernt werden sollten, da sie ideale Brutstätten für kleine Schädlinge wie Schildläuse sind.

BLÜTE:
❀

Die orangeroten Blüten sitzen an einem bis zu 20 cm langen, leicht gebogenen Blütenstängel.

Diese niedrige, kriechend wachsende Sukkulente mit kleinen, rot-grünen, fleischigen Blättern bildet in ihrer Heimat Südafrika häufig dicke Polster auf Felsen und in Felsspalten. Sie eignet sich also hervorragend für einen Steingarten, fühlt sich aber auch in Blumenampeln wohl, wo ihre zarten Triebe ungehindert wuchern können.

Crassula pellucida ssp. rubra

CRASSULA PELLUCIDA SSP. RUBRA

STANDORT:

Die Blattfarbe ändert sich je nach Intensität des Sonnenlichts. Bei viel Sonne können die Blätter flammend rot werden, was sehr hübsch aussieht, doch mag diese *Crasulla* auch gerne etwas Schatten.

WASSERBEDARF:

Diese Sukkulente ist sehr anspruchslos – ein Schluck Wasser pro Woche reicht, damit die Blätter fleischig und gesund bleiben. Nicht zu viel gießen, da dieser Bodendecker anfällig für Fäulnis ist.

BLÜTE:

Bekommt sie im Frühjahr genügend Sonne, bildet diese *Crassula* winzige, sternförmige weiße Blüten aus, die zwar recht unscheinbar sind, aber dennoch zur allgemeinen Attraktivität der Pflanze beitragen. Nach der Blüte wirkt die Pflanze etwas kraftlos – ein guter Zeitpunkt, um sie auszuputzen und lange Triebe einzukürzen.

Euphorbia lactea ist ein außergewöhnliches Gewächs, das mit seinem aufrechten Stamm und den fächerartigen, korallenroten Blättern ein wenig an Korallen erinnert und eine beliebte Zimmerpflanze ist.

Euphorbia lactea

EUPHORBIA LACTEA

STANDORT:

☀

An einem hellen, sonnigen Standort wie einer Fensterbank und bei Zimmertemperatur gedeiht diese Pflanze am besten.

WASSERBEDARF:

💧

Obwohl kein Kaktus sind die Pflegeansprüche für diese *Euphorbia* ähnlich: im Winter nur sehr sparsam, im Sommer einmal wöchentlich gießen.

UMTOPFEN:

Diese Sukkulente muss nur alle vier Jahre umgetopft werden, am besten im Frühjahr oder Frühsommer; der neue Topf sollte etwa 2 cm größer sein als der alte.

ACHTUNG:

⚠

Zwar wird diese Pflanze in Indien medizinisch genutzt, doch tritt bei ihr wie bei allen Euphorbien beim Abbrechen der Dornen giftiger Milchsaft aus, der starke Hautreizungen und Halluzinationen hervorrufen kann und für Hunde und Katzen giftig ist.

BESONDER-HEITEN:

Diese *Euphorbia* ist keine natürlich vorkommende Art, sondern eine gepfropfte Sorte: Der fächerförmige Kamm stammt von *Euphorbia lactea*, als Unterlage zum Aufpfropfen dient *Euphorbia neriifolia*.

Diese kleine, sukkulente Pflanze besitzt ovale, gekerbte, bräunlich grüne Blätter, die sich bei Trockenheit, Kälte oder Sonnenwärme zunehmend rötlich färben.

Kalanchoe longiflora

KALANCHOE LONGIFLORA

STANDORT: Damit die Pflanze bei Kräften bleibt, benötigt sie viel Sonnenlicht, daher sollte sie idealerweise auf einer Fensterbank oder an einem anderen vollsonnigen Standort stehen. Etwas Schatten am Nachmittag ist jedoch auch willkommen und fördert die Blütenbildung.

WASSERBEDARF: Da diese *Kalanchoe* anfällig für Wurzelfäule ist, sollte die Erde zwischen den Wassergaben vollständig abtrocknen. Im Sommer einmal wöchentlich, im Winter nur alle paar Wochen gießen.

WACHSTUM UND PFLEGE: Der Erde sollte viel Sand oder Kies beigemischt sein, da die *Kalanchoe longiflora* nur gedeiht, wenn ihre Wurzeln nicht im Nassen stehen und gut belüftet sind.

BLÜTE: Im Spätfrühling und Frühsommer erscheinen kanariengelbe, an langen Rispen stehende Blüten. Nach der Blüte die verwelkten Blüten abschneiden.

Der eher einem dornigen Busch als einem Wüsten-Kaktus ähnelnde Christusdorn ist äußerst wüchsig, hat kräftiges Laub und verzweigt sich gerne. Gebietet man ihm nicht Einhalt, neigt er zu unkontrolliertem Wuchern.

Christusdorn

EUPHORBIA MILII

UMTOPFEN:

Der Christusdorn sollte alle zwei Jahre im Spätwinter oder zeitigen Frühjahr umgetopft werden. Er benötigt gut durchlässige Erde, der Topf sollte den Wurzeln genügend Raum zur Entfaltung lassen.

BLÜTE:

Die kleinen Blüten sind meist von einem kräftigen Rot oder Rosa. In voller Blüte bietet der eher unscheinbare Christusdorn einen eindrucksvollen Anblick und ist daher eine beliebte Zimmer-Blühpflanze.

ACHTUNG:

Der Milchsaft ist giftig und verursacht Hautreizungen und Verätzungen. Die Pflanze ist auch für Haustiere giftig, also besser außer Reichweite aufstellen.

BESONDER-HEITEN:

☆

Diese aus Madagaskar stammende *Euphorbia* trennt sich von ihren Blättern deutlich später als alle anderen Arten dieser Gattung. Nach dem Abwurf der Blätter werden die spitzen Dornen an den Stängeln sichtbar.

WUSSTEN SIE, …

?

… dass der Christusdorn auch Dornenkrone genannt wird?

Die Goldpunkt-Opuntie ist stammlos und besteht aus scheibenförmigen Blättern; diese sind mit büschelig stehenden, winzigen, haarfeinen, widerhakigen Dornen, den sogenannten Glochidien, bedeckt. Sie lassen sich nur schwer entfernen und können zu starken Hautreizungen führen, auch wenn eine Berührung kaum schmerzt. Diese Opuntie zählt zu den beliebtesten Zimmer-Kakteen, da sie meist lange recht klein und kompakt bleibt.

Goldpunkt-Opuntie

OPUNTIA MICRODASYS 'ALBATA'

STANDORT:

Dieser mit heißer Wüstensonne vertraute Kaktus gedeiht gut auf der Fensterbank oder im Wintergarten. Allerdings nicht zu lange direkter Sonne aussetzen, damit er keinen Sonnenbrand bekommt.

WASSERBEDARF:

Im Sommer einmal wöchentlich gießen, zwischen den Wassergaben die Erde vollständig abtrocknen lassen. Im Winter bevorzugt dieser robuste Kaktus kühlere Temperaturen und kann wochenlang ohne Wasser auskommen; also nur so viel gießen, dass die Blätter nicht einschrumpfen.

BLÜTE:

Zur Blüte kommt die Goldpunkt-Opuntie nur selten. Die Blüten sind leuchtend orangegelb und sitzen an den Rändern der Blattscheiben. Aus ihnen entwickeln sich rote Früchte.

Diese langsam wachsende, mehrjährige Fetthenne wird nicht höher als 10 cm und bildet mit ihren silbrig roten Rosetten dichte Polster. Besonders hübsch wirkt sie mit den leicht überhängenden Trieben in Blumenampeln.

Spatelblättrige Fetthenne 'Cape Blanco'

SEDUM SPATHULIFOLIUM 'CAPE BLANCO'

STANDORT:

Diese Fetthenne liebt einen vollsonnigen Standort, an dem die Blätter einen tiefen Rotton annehmen. Sie fühlt sich auf einem hellen Fenstersims und im Sommer auch draußen wohl. Da sie frostempfindlich ist, sollte sie im Winter wieder in Haus.

WASSERBEDARF:

Staunässe unbedingt vermeiden. Im Winter während der Ruhephase nur sehr sparsam gießen. Sobald es im Frühjahr wärmer wird sowie im Sommer einmal pro Woche gießen, dabei unbedingt auf einen durchlässigen Boden achten.

BLÜTE:

Die Sorte 'Cape Blanco' blüht im Spätsommer und Frühherbst – dann bedecken unzählige kleine, gelbe, sternförmige Blüten den Rosetten-Teppich.

WUSSTEN SIE, …

?

… dass diese *Sedum*-Art auch Silberspatel-Fettblatt genannt wird?

Zur Gattung *Euphorbia* zählen Pflanzen ganz unterschiedlicher Wuchsform. *E. tirucalli* stammt aus Nordafrika und eignet sich auch gut als Topfpflanze. In ihrem natürlichen Lebensraum kann sie zu Bäumen von bis zu 3 m Höhe heranwachsen.

Bleistiftstrauch

EUPHORBIA TIRUCALLI

WASSERBEDARF: Der Bleistiftstrauch benötigt im Sommer regelmäßige Wassergaben, dazwischen sollte die Erde jedoch vollständig abtrocknen. Während der Winterruhe die Pflanze am besten nur alle paar Wochen gießen.

ACHTUNG: Bei einem Standort am Boden ist zu berücksichtigen, dass diese Pflanze bei Verzehr für Katzen und Hunde giftig ist.

BESONDER-HEITEN: Die Äste des Bleistiftstrauches sind in der Regel glatt und grün und färben sich erst bei älteren Pflanzen grau. Empfehlenswert sind dekorative Sorten wie 'Sticks on Fire' mit leuchtendroten Triebspitzen, deren Farbe sich bei zunehmender Wärme noch vertieft und bei Abkühlung wieder verblasst.

WUSSTEN SIE, … … dass der Bleistiftstrauch auch als »Blattloser Kaktus« bekannt ist? Fehlen die kleinen Blätter an den Triebspitzen, übernehmen die Triebe die Assimilation.

Diese Sukkulente stammt aus der südafrikanischen Ostkap-Provinz. Ihre zahlreichen langen spitzen, blau-grünen Stängel stehen sehr eng zusammen und bilden hohe, dichte Horste.

Haworthia glauca var. herrei

HAWORTHIA GLAUCA VAR. HERREI

STANDORT:

In ihrer trockenen Heimat, der Wüste, wächst *Haworthia glauca* unter Sträuchern, ist also an viel Licht mit etwas Schatten gewöhnt. Ein Platz auf der Fensterbank oder noch besser im Wintergarten sorgt für gesunde Pflanzen und kräftigen Wuchs.

WASSERBEDARF:

Während der Wachstumsphase gießt man die *Haworthia* einige Male pro Monat, danach die Erde wieder abtrocknen lassen und gerade so viel Wasser geben, dass die Blätter nicht einschrumpfen. Während der Ruhephase sollte noch zurückhaltender gegossen werden.

VERMEHRUNG:

Haworthia glauca lässt sich durch Samen vermehren, am leichtesten aber durch Ableger, die man von der Mutterpflanze abtrennt und einpflanzt.

BESONDER-HEITEN:

Diese Pflanzen können ihre Farbe wechseln: Bei kühlem Wetter im Winter färben sich ihre Rosetten leicht orangerot.

Die zungenförmigen, dunkelgrünen Blätter dieser am südafrikanischen Kap beheimateten *Gasteria* wachsen paarweise und bilden so einen Fächer. Der Artname *»verrucosa«* bedeutet rau, warzig und bezieht sich auf die Blattoberfläche.

Hirschzunge

GASTERIA VERRUCOSA

STANDORT:

Diese Sukkulente liebt Sonne und steht gerne in einem hellen, gut belüfteten Raum, am besten auf einer Fensterbank – allerdings sollte diese nicht den ganzen Tag besonnt sein, da sonst die Gefahr von Sonnenbrand auf den Blättern besteht. Viel Sonne fördert die Bildung orangefarbener bis roter Blüten im Spätsommer oder Frühherbst.

WASSERBEDARF:

Die Hirschzunge ist äußerst pflegeleicht und kann lange ohne Wasser auskommen, wenngleich sie – vor allem im Sommer – eine wöchentliche Wassergabe durchaus schätzt. Im Winter nur alle paar Wochen gießen. Das Substrat sollte mit Sand aufgelockert und durchlässig sein.

VERMEHRUNG:

Diese Gasterie bildet an der Stammbasis Ableger, sodass schnell dichte Horste entstehen, wenn diese nicht entfernt werden. Mit ihnen lässt sich die Pflanze leicht vermehren.

WUSSTEN SIE, …

?

… dass die Hirschzunge auch Warzige Gasterie genannt wird?

Aufgrund ihrer hübschen eisblau-grünen Blätter ist die Echeverie eine beliebte Sukkulente für die Zimmerkultur.

Echeveria secunda var. glauca

ECHEVERIA SECUNDA VAR. GLAUCA

STANDORT:

Diese Echeverie gedeiht in der Sonne wie in lichtem Schatten. Beim Gießen darauf achten, dass sich kein Wasser in den Blattachseln sammelt – bei viel Sonne könnte dies zum Braunwerden und Welken der Blätter führen.

WASSERBEDARF:

Im Sommer mäßig gießen, die Erde zwischen den Wassergaben vollständig abtrocknen lassen. Im Winter sollte man das Substrat möglichst trocken halten und gerade so viel wässern, dass die fleischigen Blätter nicht einschrumpfen.

BLÜTE:

In der Wachstumsphase im Sommer wird ein einzelner Blütenstand mit glockenförmigen Blüten in leuchtendem Rosa ausgebildet. Nach dessen Absterben stirbt auch die Rosette ab und ein Ableger übernimmt ihren Platz.

VERMEHRUNG:

Eine Vermehrung gelingt leicht über Blattstecklinge. Dazu an der Rosettenbasis ein Blatt herausziehen, auf trockene Erde legen und die Wundfläche trocknen lassen. Sobald sich Wurzeln bilden, das Blatt in trockene, sandige Erde setzen.

Coryphantha sulcata stammt aus Texas und verträgt sowohl pralle Sonne als auch lange Trockenperioden. Dieser hübsche kleine, kugelförmige Warzenkaktus ist mit langen, weißen Dornen bedeckt, wird lediglich 10 cm groß und bringt im Sommer leuchtend gelbe Blüten hervor.

Coryphanta sulcata

CORYPHANTHA SULCATA

STANDORT:

Coryphanta sulcata liebt einen vollsonnigen Standort. Bei Lichtmangel verliert der Kaktus seine leuchtend grüne Farbe und wird blass gelblich braun. Viel Sonne hingegen fördert auch die Blütenbildung und verbessert die Chance auf eine erneute Blüte im Folgejahr.

WASSERBEDARF:

In den Sommermonaten sollte dieser Kaktus nur äußerst sparsam gegossen werden – alle paar Wochen ist völlig ausreichend. In den kälteren Wintermonaten sollte man das Substrat möglichst trocken halten und noch weniger gießen, gerade genug, dass die hervorstehenden Warzen nicht einschrumpfen. Zwar ist *C. sulcata* frosthart, im Winter aber zum Schutz vor Regen im Haus besser aufgehoben. Zu viel Feuchtigkeit kann zu Wurzelfäule und zum Absterben der Pflanze führen.

Die stammlose und daher zu den Blatt-Sukkulenten zählende *Lithops olivacea* sieht wirklich ungewöhnlich aus: sie besitzt nur ein einziges Paar kleiner, zylindrischer, fleischiger Blätter mit flacher Oberfläche, die unterirdisch zusammengewachsen sind und sich über der Erde teilen, sodass sich ein Spalt bildet.

Lebende Steine

LITHOPS OLIVACEA

WASSERBEDARF:

Lebende Steine sind relativ pflegeleicht und benötigen fast das ganze Jahr über lediglich eine Wassergabe pro Woche. Einmal im Jahr jedoch wird das Blattpaar durch ein neues ersetzt, wobei die alten die neuen Blätter einhüllen, bis sie verwelkt sind – dazu muss die Erde jedoch vollständig trocken sein, und zwar vom Ende der Blütezeit (Frühwinter) bis zur vollständigen Ausbildung der neuen Blätter im Frühsommer. Wassergaben sind in dieser Zeit möglich, allerdings sorgen sie für ein schnelleres Wachstum, sodass sich weitere Blätter ausbilden und die Pflanze ihr typisches steinähnliches Aussehen verliert.

BESONDER-HEITEN:

☆

In ihrer Heimat Südafrika werden die meist in Gruppen wachsenden Lebenden Steine oft mit echten rosa bräunlichen Steinen oder Kieseln verwechselt. Am oberen Ende eines Blattes befindet sich ein »Fenster«, durch das Licht in die Pflanze eindringen kann.

WUSSTEN SIE, …

… dass das Blattpaar, das den Pflanzenkörper bildet, auch als »Kopf« bezeichnet wird?

Das Brutblatt ist eine mehrjährige Sukkulente von ungewöhnlichem Aussehen, das mit seinen fleischigen, grau-grünen Blättern, an deren Rändern unzählige Brutknospen stehen, direkt aus der Zeit der Dinosaurier stammen könnte. Die Blattunterseiten mit dem braun-violetten Tarnmuster kontrastieren schön mit den grünen Blattoberseiten.

Brutblatt

KALANCHOE LAETIVIRENS

STANDORT:

Das Brutblatt mag einen hellen Standort mit gelegentlichem Schatten. Nicht direkt in die Sonne stellen, da sonst die Blätter Schaden durch Sonnenbrand nehmen können.

WASSERBEDARF:

Während der Wachstumsphase im Sommer sollte durchdringend gegossen werden, um kräftiges Wachstum und fleischige Blätter zu fördern. Im kühlen Winter das Gießen auf einmal alle paar Wochen beschränken, zwischen den Wassergaben die Erde vollständig abtrocknen lassen, um Wurzelfäule zu verhindern.

BLÜTE:

Im Spätwinter oder zeitigen Frühjahr bildet das Brutblatt hübsche glockenförmige, rosa Blüten an langen Blütenstielen aus.

ACHTUNG:

Das Brutblatt ist wie alle *Kalanchoe*-Arten für Katzen und Hunde bei Verzehr giftig.

Der Ruten-Kaktus zählt mit seinen langen, schlanken Trieben zu den beliebtesten Zimmerpflanzen. Die in ihrer Heimat epiphytisch wachsende Hänge-Sukkulente eignet sich wunderbar für eine Blumenampel, in der ihre Triebe ungehindert wachsen und herabhängen können.

Ruten-Kaktus

RHIPSALIS PILOCARPA

STANDORT:

Rhipsalis pilocarpa gedeiht am besten an einem Standort mit indirekter Sonne morgens und vollem Schatten nachmittags. Sie ist relativ lichtempfindlich, und direkte Sonne kann zu Sonnenbrand führen und das Wachstum hemmen.

WASSERBEDARF:

Der nur in den Regenwäldern Südamerikas anzutreffende Urwald-Kaktus benötigt regelmäßige Wassergaben, ein Überwässern jedoch führt zu Wurzelfäule und schwächt die Triebe. Vor dem Gießen mit dem Finger prüfen, ob die Erdoberfläche noch feucht ist – nur wässern, wenn die Erde trocken ist.

BLÜTE:

Ältere Exemplare des Ruten-Kaktus bilden im Herbst oder Frühwinter blassrosa Blüten aus, die oft mehrere Tage lang blühen.

UMTOPFEN:

Für den Ruten-Kaktus eignen sich vor allem Tontöpfe, da überschüssiges Wasser verdunsten kann und die Erde gut durchlüftet wird, was Wurzelfäule verhindert.

Aufgrund seiner aufstrebenden, zungenförmigen, ledrigen grünen Blätter mit den gelben Streifen und der ihm zugeschriebenen luftreinigenden Wirkung ist der Bogenhanf heute eine beliebte Zimmerpflanze. Er vermehrt sich über kriechende, unterirdische Rhizome, sodass im Topf bald zahlreiche Pflanzen dichte Horste bilden.

Bogenhanf
SANSEVERIA TRIFASCIATA

STANDORT: Der Bogenhanf – auch Schwiegermutterzunge – ist sonnenhungrig. Steht er längere Zeit an einem dunklen Platz, sind die Auswirkungen des Lichtmangels rasch erkennbar.

WASSERBEDARF: Diese trockenresistente Pflanze aus Zentralafrika kann wochenlang ohne Wasser auskommen, verträgt aber hohe Luftfeuchtigkeit schlecht; sie fühlt sich daher auf der Fensterbank wohler als im Gewächshaus.

BLÜTE: Zwar ist *Sanseveria trifasciata* relativ pflegeleicht, blüht jedoch nur in der freien Natur.

VERMEHRUNG: Bogenhanf lässt sich gut durch Blattstecklinge vermehren, die nah bei den Rhizomen in die Erde gesteckt werden.

WUSSTEN SIE, … … dass früher aus seinen kräftigen Pflanzenfasern u. a. Sehnen für Jagdbogen hergestellt wurden und daher der Name Bogenhanf stammt?

Der Feigen-Kaktus ist im Osten Nordamerikas beheimatet. Ihren Namen verdankt diese dornige Pflanze ihren großen, ovalen, meist essbaren gelb-roten Früchten.

Feigen-Kaktus

OPUNTIA VULGARIS

STANDORT:
Dieser Wüsten-Kaktus sollte einen möglichst vollsonnigen Standort bekommen – dann kann man förmlich dabei zusehen, wie er wächst und gedeiht.

WASSERBEDARF:
Feigen-Kakteen benötigen erst Wasser, wenn die Erdoberfläche ausgetrocknet wirkt. Im Frühjahr und Sommer reichen im Schnitt ein bis zwei Wassergaben pro Woche, im Herbst und Winter sogar ein bis zwei pro Monat.

WACHSTUM UND PFLEGE:
Dieser Kaktus ist pflegeleicht, benötigt aber ein durchlässiges, sandig-lehmiges Substrat. Zu tonhaltige Erde führt zu Staunässe.

VERMEHRUNG:
Feigen-Kakteen lassen sich problemlos über Stecklinge vermehren. Dazu ein Stück abtrennen und, sobald die Schnittstelle trocken ist, auf sandigem Substrat bewurzeln lassen. Erst nach der Wurzelbildung wieder gießen, damit der Steckling nicht fault.

Die in den Trockengebieten Afrikas beheimatete Erbsenpflanze wächst in freier Natur auf Bäumen, im Haus gefällt es ihr in einer Blumenampel. Die mehrjährige Hänge-Sukkulente ist gut an ihren kleinen, erbsenförmigen Blättern zu erkennen, die an den Trieben aufgereiht sind wie Perlen an einer Kette, weshalb sie auch Perlenschnur genannt wird.

Erbsenpflanze

SENECIO ROWLEYANUS

STANDORT:
Die Erbsenpflanze gedeiht bei hellem Sonnenlicht und Zimmertemperatur, mag aber keine nassen Füße – vor allem bei wenig durchlässiger Erde führt dies schnell zu Wurzelfäule.

WASSERBEDARF:
Da sie in ihren Blättern Wasser speichern kann, braucht die Erbsenpflanze nach einmaligem gründlichem Gießen mehrere Wochen lang kein Wasser; zwischen den Wassergaben sollte die Erde komplett abtrocknen.

BLÜTE:
Diese *Senecio* blüht als Zimmerpflanze nur selten. Ihre Blüten sind mattweiß und duften leicht nach Zimt.

SCHNITT:
Man sollte die Hängetriebe zurückschneiden, sobald sie durch Abfallen der Blätter verkahlen oder sich verknoten und nicht mehr zu entwirren sind. Dann wirkt die Pflanze wieder kompakter und gesünder.

Die in mehreren Regionen Mexikos vorkommenden Mondsteine sind eng mit den Fetthennen *(Sedum)* verwandt. Ihre großen, sukkulenten Blätter stehen dicht gedrängt und wirken wie eine Ansammlung weißer Kiesel. Wild wachsen sie als kleine Sträucher im Schatten größerer Pflanzen, im Haus fühlen sie sich in einem Topf am Fenster wohl.

Mondstein PACHYPHYTUM BRACTEOSUM

STANDORT:

Mondsteine mögen es gerne trocken und gedeihen gut an einem sonnigen, teilweise beschatteten Standort, der Schutz vor direkter Sonne bietet.

WASSERBEDARF:

Beim Gießen sollte kein Wasser auf die Blätter gelangen, da dies die silbrige Bereifung der Oberfläche angreift und zu Fäulnis führen kann. Im Frühjahr und Sommer begnügen sich Mondsteine mit einer Wassergabe pro Woche, dazwischen sollte die Erde abtrocknen. Im Winter nur alle paar Wochen sparsam gießen, gerade genug damit die Blätter nicht einschrumpfen.

WACHSTUM UND PFLEGE:

Die Mondsteine gehören zu den pflegeleichtesten Sukkulenten, da sie keinen Rückschnitt benötigen und wenig krankheitsanfällig sind; lediglich abgestorbene Blätter sind hin und wieder zu entfernen.

BLÜTE:

❀

Im Frühjahr wachsen aus der Rosettenmitte gebogene Blütenstiele, an denen hell- bis kräftig rosa Blüten sitzen. An einem vollsonnigen Standort vertieft sich die Blütenfarbe.

Das aus Belgien stammende, aber mittlerweile in anderen europäischen Regionen verbreitete *Sempervivum* 'Passionata' wächst zwischen Felsen und in Felsspalten, wo es dichte Teppiche bildet. Mit ihren aus schlanken Blättern bestehenden Rosetten in unterschiedlichen Rottönen ist die Pflanze eine Bereicherung für jede Sukkulentensammlung.

Sempervivum 'Passionata'

SEMPERVIVUM 'PASSIONATA'

STANDORT: Dieses *Sempervivum* gedeiht am besten an einem Standort mit indirektem Sonnenlicht.

WASSERBEDARF: Sparsam gießen; einmal wöchentlich im Sommer, im Winter noch weniger.

VERMEHRUNG: Diese Sorte lässt sich leicht vermehren. Dazu im Frühjahr oder Frühsommer die Ableger abtrennen und einzeln in Töpfe pflanzen. Die Pflanze lässt sich auch aus Samen ziehen. Die Aussaat sollte Anfang Frühjahr erfolgen, die Keimung setzt nach etwa zwei bis sechs Wochen ein.

WUSSTEN SIE, … … dass im Englischen die große Mutterrosette des *Sempervivum* 'Passionata' Henne und die kleinen Ableger Küken genannt werden?

Es ist unschwer zu erkennen, warum diese in China beheimatete Pflanze auch Ufo-Pflanze genannt wird, nämlich wegen ihrer kreisrunden, flachen Blätter, die einen schönen Kontrast zu denen vieler anderer Pflanzen bilden und diese *Pilea* zu einem Blickfang machen.

Chinesischer Geldbaum

PILEA PEPEROMIOIDES

STANDORT:

Diese hübsche Zierpflanze wird nur maximal 30 cm hoch und mag gerne Halbschatten, fühlt sich also im Winter auf einer Fensterbank wohl. Direktes Sonnenlicht kann zu Blattschäden führen.

WASSERBEDARF:

Der relativ pflegeleichte Chinesische Geldbaum liebt einen durchlässigen Boden. Es genügt ihm, einmal pro Woche gegossen zu werden, in den heißen Sommermonaten eventuell öfters. Dazwischen die Erde gut abtrocknen lassen.

VERMEHRUNG:

An der Basis der Mutterpflanze bilden sich viele Ableger, die abgetrennt und in einen eigenen Topf gesetzt werden können.

WUSSTEN SIE, …

?

… dass *Pilea peperomioides* erst 1906 entdeckt wurde, danach aber bis in die 1940er-Jahre wieder in Vergessenheit geriet? Hobbygärtner sorgten durch Austausch von Stecklingen für ihre Verbreitung, noch bevor Botaniker sich für sie interessierten.

Der in der peruanischen Amazonasregion auf 400 m Höhe beheimatete Kaktus *Matucana madisoniorum* ist kugelförmig und besitzt nur einige wenige versprenkelte Dornen, manchmal sogar gar keine.

Matucana madisoniorum

MATUCANA MADISONIORUM

STANDORT:

In ihrer natürlichen Umgebung relativ langsam wachsend, zeigt sich *Matucana* in Gewächshäusern deutlich wüchsiger. Ist sie längere Zeit direktem Sonnenlicht ausgesetzt, kann sie Verbrennungen davontragen.

WASSERBEDARF:

Matucanas lieben nährstoffreiche, durchlässige Erde, die zwischen den Wassergaben vollständig austrocknen sollte. Im Sommer einmal pro Woche sparsam gießen, im Winter noch seltener.

UMTOPFEN:

Im Frühjahr umtopfen, wenn die Wurzeln den Topf ausfüllen und sich die Pflanze noch in der Winterruhe befindet. Frisches Substrat fördert das Neuwachstum. Nach dem Umtopfen zwei Wochen lang nicht gießen.

BLÜTE:

✿

Während einer Wachstumsphase kann der Kaktus mehrmals zur Blüte kommen. Die Blüten von *M. madisoniorum* sind orange bis leuchtend rot, können einen Durchmesser von bis zu 3,5 cm haben und 10 cm lang werden – also größer werden als der Kaktus selbst.

Die dickfleischigen Blätter dieser im Buschland Kenias beheimateten *Sansevieria* stehen so am Stamm, dass sie wie geflochten wirken. Die Pflanze liebt sandiges, durchlässiges Substrat.

Sansevieria pinguicula

SANSEVIERIA PINGUICULA

STANDORT:

Die meisten *Sansevierien* tolerieren unterschiedliche Lichtverhältnisse, so auch S. *pinguicula* – sie gedeiht ebenso in praller Sonne wie in einer dunklen Ecke, solange man ihr jeden Tag einige Stunden indirektes Sonnenlicht gönnt.

WASSERBEDARF:

Da diese Pflanze äußerst anfällig für Wurzelfäule ist, darauf achten, dass die Erde zwischen den Wassergaben immer vollständig abtrocknet. Wird sie ausreichend gegossen, sind ihre Blätter lang und glatt, bei Wassermangel hingegen bilden sich an den Blattunterseiten tiefe Rillen, da die Pflanze ihre gesammelten Wasserreserven anzapft. Im Sommer einmal wöchentlich gießen, in den kälteren Wintermonaten reicht eine Wassergabe alle paar Wochen.

BLÜTE:

Die Blüten von *Sansevieria pinguicula* sind weißlich bis blass gelbgrün und eher unscheinbar.

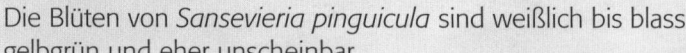

Dieses Mitglied der Familie Crassulaceae stammt aus Mexiko und besitzt wunderschöne, orange- bis kupferfarbene sukkulente Blätter.

Sedum nussbaumerianum

SEDUM NUSSBAUMERIANUM

STANDORT:

Diese anspruchslose *Sedum*-Art erträgt intensives Sonnenlicht ebenso wie Wassermangel. Der ideale Standort für sie wäre eine Fensterbank mit viel Morgensonne und etwas Schatten am Nachmittag, sie fühlt sich aber auch in Blumenampeln wohl, wo ihre Triebe ungehindert wachsen und herabhängen können.

WASSERBEDARF:

Äußerst sparsam gießen. Die Erde sollte trocken sein, Staunässe ist zu vermeiden, damit keine Wurzelfäule auftritt. Im Sommer einmal wöchentlich gießen, die Erde zwischen den Wassergaben vollständig abtrocknen lassen. Während der Winterruhe gerade so viel gießen, dass die Blätter nicht einschrumpfen.

BLÜTE:

Die weißen, kugelförmig angeordneten Blüten erscheinen nur selten und zählen zu den wenigen Sukkulentenblüten, die duften.

Bei dieser mit dichtem, weißem Haar eingesponnenen Sukkulente aus den Pyrenäen liegt es auf der Hand, woher ihr Name stammt. Die spinnwebartige Behaarung dient zum Schutz vor extremer Hitze und starkem Frost, denen diese Pflanze in ihrer natürlichen Umgebung ausgesetzt ist. Die Rosettenmitte erinnert an Spinnweben.

Spinnweb-Hauswurz

SEMPERVIVUM ARACHNOIDEUM

STANDORT: Die Spinnweb-Hauswurz liebt es trocken und sehr sonnig und gedeiht gut in einem kleinen Topf auf einer Fensterbank in der Küche.

WASSERBEDARF: Nur äußerst sparsam gießen, dazwischen sollte die Erde vollständig abtrocknen. Die Wurzeln sitzen dicht unter der Oberfläche – drückt man mit einem Finger etwas die Erde, lässt sich gut prüfen, ob die Erde noch feucht ist. Im Winter nur sparsam gießen, im Sommer etwas häufiger.

VERMEHRUNG: Wie die meisten *Sempervivum*-Arten bildet auch die Spinnweb-Hauswurz kleine, polsterbildende Ableger, die sich leicht abtrennen und eintopfen lassen.

STICHWORTVERZEICHNIS

Ableger
Eine neue, von der Mutterpflanze
ausgebildete Jungpflanze, die zur
Vermehrung genutzt werden kann.

Aride Gebiete
So bezeichnet man Trockengebiete, bei
denen der Niederschlag langfristig
geringer ist als die Verdunstung. Die
Vegetation ist entsprechend karg.

Epiphyten
So nennt man »Aufsitzerpflanzen«, die
zwar auf anderen Pflanzen wachsen,
ihren Nährstoff- und Wasserbedarf aber
selbst aus ihrer Umgebung bestreiten.

Geilwuchs (Vergeilung)
Wenn Pflanzen bei Lichtmangel lange,
dünne, meist blattlose Triebe ausbilden, die weich sind und leicht abkni-
cken, nennt man das Geilwuchs.
Abhilfe schafft ein heller Standort und
ein kräftiger Rückschnitt, was zu
kompakterem Wuchs führt.

Kallusbildung
Nach dem Abtrennen eines Pflanzen-
teils bildet sich an der Schnittstelle
Gewebe: der Kallus, der die Wunde
verschließt und aus dem sich neue
Wurzeln entwickeln.

Keimung
So wird der Prozess genannt, in dessen
Verlauf aus einem Samen eine neue
Pflanze entsteht.

Rhizom
Dies ist eine unterirdisch wachsende
verdickte Sproßachse, in der Nährstoffe
gespeichert sind und aus der sich neue
Triebe und Pflanzen bilden.

Traube
Blütenstand, bei dem die gestielten
Blüten um einen länglichen Stängel
herum angeordnet sind.

BEZUGSQUELLEN

Cono's Paradise
Uwe Beyer
Dorfstraße 10, Netterhöfe
56729 Arft
Telefon: 02 65 /36 14
(ab 22 Uhr)
E-Mail:
info@conos-paradise.com
www.conos-paradise.com

Uhlig-Kakteen
Uwe Mergel und Matthias Uhlig
Hegnacher Str. 31
71394 Kernen
Telefon: 0 71 51/418 91
E-Mail:
Uhlig-Kakteen@t-online.de
www.uhlig-kakteen.com

Kakteenland Steinfeld
Dr. Kim Gabriele Beisel
Wengelspfad 1
76889 Steinfeld, Südliche
Weinstraße
Telefon: 0 63 40/12 99
E-Mail: info@kakteenland.de
kakteenland.de

Atomic Plant Nursery
Norbert Kleinmichel
Am Schloßpark 4
84109 Wörth/Isar
Telefon: 0 87 02/86 37
www.atomic-plant.de

Kakteengärtnerei Plapp
Albert Plapp
Drosselweg 7–9
84178 Kröning-Jesendorf
Telefon: 0 87 44/83 66
E-Mail: ferobergia@aol.com
www.kakteen-plapp.de/

Kakteen-Haage
Älteste Kakteenzucht der Welt
Blumenstraße 68
99092 Erfurt
Telefon: 03 61/229 40 00
E-Mail: info@kakteen-haage.de
www.kakteen-haage.de

Österreich

Kakteengärtnerei Ruzicka
Wienerstraße 118
A-2103 Langenzersdorf
Telefon:
(0043) 6 76/703 49 85
E-Mail:
silvia.koppensteiner@gmx.at

Schweiz

Kakteen Gautschi
Wilstrasse 1
CH-5503 Schafisheim
Telefon: (0041) 62/891 87 24
www.kakteen.ch

**Deutsche Kakteen-
Gesellschaft e. V.**
Geschäftsstelle
Bachstelzenweg 9
91325 Adelsdorf
Telefon: 0 91 95/99 80 381
www.dkg.eu

**Gesellschaft Österreichischer
Kakteenfreunde (GÖK)**
Naglergasse 24
A-8010 Graz (Steiermark)
Telefon:
(0043) 699/10 96 79 20
www.cactus.at

**Schweizerische Kakteen-
gesellschaft**
www.kakteen.org

DIE AUTORIN

Emma Sibley liebte das Gärtnern bereits als Kind und wandte sich nach ihrem Flächendesign-Studium komplett den Pflanzen zu. In zahlreichen Kurzlehrgängen eignete sie sich gärtnerisches Fachwissen über Pflanzen an. Mittlerweile besitzt sie ein aufstrebendes kleines Unternehmen namens »London Terrariums«, übernimmt Inneneinrichtungen mit Pflanzen, fertigt Terrarien nach Kunden- wünschen und bietet zahlreiche Workshops an. Emma Sibley ist Mitglied der Britischen Kakteen- und Sukkulenten-Gesellschaft.

DANK

Ich möchte all jenen danken, die uns geholfen haben, die Kakteen und Sukkulenten zusammenzu- tragen – speziell Gynelle von PRICK und Jin von Conservatory Archives sowie all jenen unglaub- lich kreativen Töpfern, die uns für den Fototermin ihre Töpfe und Pflanzgefäße zur Verfügung gestellt haben.

Bibliographische Information der Deutschen Nationalbibliothek

Die Deutsche Nationalbibliothek verzeichnet diese Publikation in der Deutschen Nationalbibliografie; detaillierte bibliografische Daten sind im Internet über http://dnb.d-nb.de abrufbar.

 BLV Buchverlag GmbH & Co. KG
80636 München

© 2017 BLV Buchverlag GmbH & Co. KG, München

Aus dem Englischen von Kirsten Nutto

Titel der Originalausgabe:
The little book of CACTI and other succulents

Text © 2017 Emma Sibley
Fotos © 2017 Adam Laycock
Design und Layout © 2017 Quadrille Publishing Limited

Umschlaggestaltung: BLV Buchverlag, München

Lektorat dt. Ausgabe: Rita Meixner
Herstellung dt. Ausgabe: Hermann Maxant
Layout dt. Ausgabe: Kathrin Michel, München

Printed in China
ISBN 978-3-8354-1678-9

 www.facebook.com/blvVerlag